BEI GRIN MACHT SICH IHR WISSEN BEZAHLT

AF150964

- Wir veröffentlichen Ihre Hausarbeit,
  Bachelor- und Masterarbeit

- Ihr eigenes eBook und Buch -
  weltweit in allen wichtigen Shops

- Verdienen Sie an jedem Verkauf

Jetzt bei www.GRIN.com hochladen und kostenlos publizieren

Mathias Welsch

Disquotale Gesellschafterrechte

Zivilrechtliche Zulässigkeit bei Personen- und Kapitalgesellschaften

GRIN Verlag

Bibliografische Information der Deutschen Nationalbibliothek:

Die Deutsche Bibliothek verzeichnet diese Publikation in der Deutschen National-
bibliografie; detaillierte bibliografische Daten sind im Internet über http://dnb.d-
nb.de/ abrufbar.

Dieses Werk sowie alle darin enthaltenen einzelnen Beiträge und Abbildungen
sind urheberrechtlich geschützt. Jede Verwertung, die nicht ausdrücklich vom
Urheberrechtsschutz zugelassen ist, bedarf der vorherigen Zustimmung des Verla-
ges. Das gilt insbesondere für Vervielfältigungen, Bearbeitungen, Übersetzungen,
Mikroverfilmungen, Auswertungen durch Datenbanken und für die Einspeicherung
und Verarbeitung in elektronische Systeme. Alle Rechte, auch die des auszugsweisen
Nachdrucks, der fotomechanischen Wiedergabe (einschließlich Mikrokopie) sowie
der Auswertung durch Datenbanken oder ähnliche Einrichtungen, vorbehalten.

Impressum:

Copyright © 2011 GRIN Verlag, Open Publishing GmbH
Druck und Bindung: Books on Demand GmbH, Norderstedt Germany
ISBN: 978-3-640-98164-9

Dieses Buch bei GRIN:

http://www.grin.com/de/e-book/176750/disquotale-gesellschafterrechte

GRIN - Your knowledge has value

Der GRIN Verlag publiziert seit 1998 wissenschaftliche Arbeiten von Studenten, Hochschullehrern und anderen Akademikern als eBook und gedrucktes Buch. Die Verlagswebsite www.grin.com ist die ideale Plattform zur Veröffentlichung von Hausarbeiten, Abschlussarbeiten, wissenschaftlichen Aufsätzen, Dissertationen und Fachbüchern.

Besuchen Sie uns im Internet:

http://www.grin.com/

http://www.facebook.com/grincom

http://www.twitter.com/grin_com

Fachhochschule Trier
Umweltcampus Birkenfeld

Studiengang Wirtschafts- und Umweltrecht

Zivilrechtliche Zulässigkeit disquotaler Gesellschafterrechte bei Personen- und Kapitalgesellschaften

Seminararbeit
Steuer- und Gesellschaftsrecht

vorgelegt von:

Mathias B. Welsch
6. Semester

Inhaltsverzeichnis II

A. Einleitung

Die vorliegende Seminararbeit thematisiert die Problematik der zivilrechtlichen Zulässigkeit disquotaler Gesellschafterrechte.

Die Arbeit behandelt zunächst die Grundlagen zu Gesellschaftsformen und wesentlichen Gesellschafterrechten, sowie deren genereller Dispositionsfähigkeit, sowie Vorteile und Einsatzgebiete disquotaler Gesellschafterrechte. Dabei wird die Motivation vom Gesetz abweichenden Regelungen als gesellschaftsvertragliche Gestaltungsmöglichkeit näher beleuchtet.

Der letzte Teil der Arbeit behandelt die Zulässigkeit disquotaler Rechte im Kontext des zivilrechtlichen Hintergrunds, unter Aussparung steuerrechtlicher Aspekte. Die Problematik wird hierbei im Wesentlichen Anhand der Gewinnverteilung sowie der Stimmrechte der Gesellschafter überprüft.

Dargestellt werden dabei sowohl die Personen(-handels)gesellschaften (im Wesentlichen die GdbR, OGH sowie KG) als auch Kapitalgesellschaften (AG, GmbH sowie KGaA). Diskutiert werden Aspekte und Schranken der Privatautonomie bei der Gestaltung von Gesellschaftsverträgen.

B. Grundlagen

In diesem Abschnitt werden zunächst grundlegende Gesellschafterrechte, Ausgestaltungsmöglichkeiten sowie deren generelle Dispositionsfähigkeit dargestellt.

I. Wesentliche Gesellschafterrechte

Die Gesellschafterrechte beruhen entweder auf gesetzlicher Basis oder aber auf dem Gesellschaftsvertrag (Satzung). Funktionell zu unterscheiden sind diese nach Mitverwaltungsrechten, also Teilhaberrechten sowie Schutzrechten, sowie Vermögensrechten.

Zu den wichtigsten Mitverwaltungsrechten gehören neben dem Stimmrecht[1], das Informationsrecht[2], das Recht auf Teilnahme an Gesellschafterversammlungen sowie das Klagerecht als reines Schutzrecht. Unter Vermögensrechten der Gesellschafter versteht man unter anderem den Anspruch auf eine Beteiligung am Periodengewinn (Gewinnbezugsrecht)[3], sowie Liquidationserlöse im Auflösungsfall.[4]

Ein wesentlicher Unterschied besteht überdies zwischen allgemeinen Mitgliedschaftsrechten, welche allen Gesellschaftern gleichermaßen zustehen und Sonderrechten[5] im Sinne des § 35 BGB. Diese gewähren einzelnen oder mehreren Gesellschaftern ein Vorrecht gegenüber den anderen Gesellschaftern.[6] Ein Vorrecht in diesem Sinne beschreibt eine Rechtsstellung die über die allgemeine Rechtsposition anderer Mitglieder hinausragt.

Ein solches Sonderrecht bedarf einer satzungsmäßigen Grundlage, kann mithin nur im Gesellschaftsvertrag begründet werden. Eine nachträgliche Einführung, bedürfte der Zustimmung sämtlicher nicht bevorrechtigter Gesellschafter. Ein nachträglicher Entzug ist nicht ohne Zustimmung des beeinträchtigten Gesellschafters möglich.[7]

II. Generelle Dispositionsfähigkeit

Bei den Vorschriften zu den Gesellschafterrechten ist generell zu beachten, dass es sich wie grundsätzlich bei der Vertragsgestaltung von Gesellschaften, um dispositives Recht handelt (vgl. hierzu beispielsweise §§ 45 I GmbHG, 109 HGB).[8]

Zu beachten sind nur wenige zwingende gesetzliche Vorschriften zur Einschränkung der Privatautonomie der Gesellschafter, welche sich im Wesentlichen im Verkehrsschutz und dem Mitgliederschutz erschöpfen (beispielsweise der Verhinderung der Majorisierung von Minderheiten im Recht der Personen-gesellschaften).[9]

---

[1] § 119 HGB (OHG und KG), § 47 I GmbHG (GmbH) sowie § 12 I AktG (AG), § 709 BGB (GdbR).
[2] § 118 HGB (OHG und KG), § 51 a I GmbHG (GmbH), § 716 BGB (GdbR).
[3] § 121 HGB (OHG), § 168 HGB (KG), § 29 I 1 (GmbH), § 58 IV (AG), §§ 721, 722 I BGB (GdbR).
[4] Schmidt, Gesellschaftsrecht, § 19 III, S. 557 ff.
[5] Denkbare Sonderrechte wären beispielsweise ein erhöhtes Stimmgewicht, Vetorechte oder höhere Anteile an Erlösen
[6] Jetzt herrschende Definition des Sonderrechts.
[7] Palandt, BGB, § 35, Rd. 1
[8] Memento, Gesellschaftsrecht, Rd. 24
[9] Schmidt, Gesellschaftsrecht, § 5 III, S. 109 ff.

Hierzu zählen neben den §§ 134 und 138 BGB, Gesetzliches Verbot und Sittenwidrigkeit sowohl eine Reihe von Prinzipien, wie Verbandssouveränität, Kernbereichsschutz, Bestimmtheitsgrundsatz und Abspaltungsverbot, als auch Rechtsausübungsschranken wie der Gleichbehandlungsgrundsatz[10] und das Verhältnismäßigkeitsprinzip. Entscheidend sind demzufolge regelmäßig die Regelungen im Gesellschaftsvertrag, wohingegen den gesetzlichen Regelungen eher eine Auffangfunktion zukommt, welche dann relevant wird, wenn der Gesellschaftsvertrag zu bestimmten Fragestellungen keine Regelung enthält.[11] [12]

Ausnahme bildet die AG, deren Vorschriften zumeist zwingendes Recht darstellen. Die Satzung darf gemäß § 23 V 1 AktG nur dann von den gesetzlichen Vorschriften abweichen, wenn dies ausdrücklich zugelassen ist (Prinzip der Satzungsstrenge). Die Gründe für diese starke Einschränkung der gesellschaftsvertraglichen Disposition hierfür liegen sowohl im Schutzbedürfnis von Aktionären und Anlegern als auch generell im öffentlichen Interesse an der Transparenz des Kapitalmarktes.[13]

C. Disquotale Rechte

Dieser Teil der Arbeit definiert zunächst den Begriff der disquotalen Gesellschafterrechte und geht danach kurz auf deren Anwendungsbereich in der Praxis der Vertragsgestaltung ein.

I. Definition

Unter disquotalen (auch inkongruenten oder disproportionalen) Rechten, versteht man solche Gesellschafterrechte, deren unterschiedliche Gewichtung zwischen den Gesellschaftern, abweichend von dem durch die Gesellschafter gehaltenen Gesellschafts- oder Kapitalanteil, festgelegt ist.

Insoweit handelt es sich also um die Disposition von Gesellschafterrechten im Gesellschaftsvertrag unter Modifikation der gesetzlichen Vorgaben.

---

[10] Der Gleichbehandlungsgrundsatz gehört zu den wesentlichen Grundsätzen des Gesellschaftsrechts. Er beinhaltet das Gebot Gesellschafter unter gleichen Umständen gleich zu behandeln und zugleich das Verbot Gesellschafter ohne genügende sachliche Rechtfertigung ungleich zu behandeln.
[11] Röhricht/Graf von Westphalen, HGB, § 109, Rd. 3
[12] Memento, Gesellschaftsrecht, Rd. 1012
[13] Raiser/Veil, Recht der Kapitalgesellschaften, § 11, Rd. 1

II. Sinn und Zweck vertraglicher Abreden

1. Vorteile disquotaler Rechte

Die Ausgestaltung von Gesellschafterrechten sieht in der Praxis der Vertragsgestaltung regelmäßig von Kapitalanteilen abhängig gestaltete Gesellschafterrechte vor.[14]

Um jedoch den unterschiedlichen Anliegen der beteiligten Gesellschafter gerecht werden zu können, beziehungsweise die Partizipation an Gesellschafterentscheidungen oder auch Ansprüchen gegenüber der Gesellschaft frei von solchen Faktoren vertraglich festlegen zu können, besteht die Möglichkeit zur Festlegung disquotaler Rechte.

Dieses stellt ein Gestaltungsinstument für die Vertragsgestaltung von Personen- und Kapitalgesellschaften dar.[15]

2. Motivation zur Disposition

Einige wichtige Motivationsgründe für eine solcherart modifizierte Gestaltung von Gesellschafterrechten sind folgende:[16]

- Berücksichtigung von Sonderleistungen eines Gesellschafters, wie beispielsweise das zur Verfügung stellen von Wirtschaftsgütern oder das Tätig werden zugunsten der Gesellschaft ohne Ausgleich auf schuldrechtlicher Ebene.

- Nachfolgeplanung in Familiengesellschaften.

- Eintritt neuer Gesellschafter

- Unterschiedlicher Liquiditätsbedarf der Gesellschafter im Hinblick auf (private) Investitionsvorhaben und Innenfinanzierungszwecke der Gesellschaft.

- Steuerliche Optimierung zur Vermeidung von progressionsbedingten Spitzenbelastungen.

---

[14] Regelmäßig also der Gleichlauf von Kapitalbeteiligung auf der einen und Rechteverteilung auf der anderen Seite.
[15] Schulz/Brunner/Werz, Special zu BB 2005, Heft 32, S.2, 2
[16] Erhart/ Riedel, BB 2008, S. 2266, 2266

D. Zivilrechtliche Zulässigkeit

Die zivilrechtliche Ausgestaltung von Gesellschafterrechten kann neben einer Gewichtung anhand der gehaltenen Kapitalanteile (quotal) auch davon abweichende Regelungen (disquotal) vorsehen. Der folgende Abschnitt stellt die Zulässigkeit solcher Regelungen aus zivilrechtlicher Sicht dar.

I. Gewinnverteilung

1. Personengesellschaften

Die Gewinnverteilung, des nach § 120 HGB berechneten Gewinns, ergibt sich für die OHG nach § 121 I/III HGB, die KG nach § 168 HGB und für die GdbR aus § 721 BGB. Das Gesetz sieht hierbei vor, dass jedem Gesellschafter ein Anteil in Höhe von 4% seines Kapitalanteils[17] zukommt. Bei der OHG erfolgt die Verteilung des Restgewinns nach Köpfen, während bei der KG nach § 168 II HGB im Zweifel ein den Umständen nach angemessenes Verhältnis der Anteile als bedungen gilt.

Dieses zeigt, dass bereits nach den gesetzlichen Vorschriften eine Proportionalität der Gewinnverteilung nicht gewahrt ist und § 168 II HGB explizit einen Spielraum für disquotale Regelungen einräumt. Bei den Gewinnverteilungsnormen im Personengesellschaftsrecht handelt es sich also um disponibles Recht. Eine Grenze für die Vertragsfreiheit bildet lediglich der Sittenwidrigkeitsvorbehalt aus § 138 I BGB.[18]

In der Praxis finden sich daher vielfach abweichende Regelungen[19], wobei für nachträgliche Vertragsänderungen auf die Grenzen des Bestimmtheitsgrundsatzes und der Kernbereichslehre zu verweisen ist.[20] [21]

---

[17] Der Kapitalanteil ist der auf einen bestimmten Geldbetrag lautende Anteil eines Gesellschafters an einer OHG oder KG. Er ist nicht mit dem Geschäftsanteil identisch. Siehe hierzu Creifelds, Rechtswörterbuch, 20. Auflage, 2011, S. 668

[18] Schulz/Brunner/Werz, Special zu BB 2005, Heft 32, S.2, 2

[19] Ein Bedürfnis für abweichende vertragliche Regelungen ergibt sich bereits aus der Unbestimmtheit der gesetzlichen Regelung

[20] Röhricht/Graf von Westphalen, HGB, § 121, Rd. 9

[21] siehe hierzu Seite 11, Teil D. II. 1. a.

2. Kapitalgesellschaften

a. Allgemeines

Wie auch bei Personengesellschaften sind bei den Kapitalgesellschaften neben steuerlichen Aspekten auch gesellschaftsrechtliche Zulässigkeitsvoraussetzungen zu beachten. Zu unterscheiden sind in diesem Kontext zwei Ebenen von Gewinnabreden: Gewinnverwendung und Gewinnverteilung.[22]

In der Gewinnverwendung wird darüber entschieden welcher Teil des Gewinns in der Gesellschaft belassen (thesauriert) und welcher ausgeschüttet wird. In der Gewinnverteilung wird hingegen der Verteilungsmaßstab auf die einzelnen Gesellschafter festgelegt. In der vorliegenden Betrachtung soll nur die Gewinnverteilung von Belang sein, da sich diese unmittelbar auf das Gewinnbezugsrecht der Gesellschafter auswirkt.[23]

b. Gesellschaft mit beschränkte Haftung

Die Gewinnverteilung erfolgt nach den Vorschriften aus § 29 GmbHG. Nach Absatz 3 erhalten die Gesellschafter hierbei einen Anteil entsprechend ihrer Geschäftsanteile[24] in Relation zum Gesamtstammkapital. Diese Reglung ist jedoch nach § 29 III 2 GmbHG ausdrücklich dispositiv.

Die Rechtsnorm beinhaltet mithin also die Möglichkeit die mitgliedschaftlichen Gewinnbezugsrechte zu reduzieren, ungleich auszugestalten und dabei auch völlig auszuschließen. Hierzu bedarf es allerdings, zumindest insoweit eine disquotale Gewinnverteilung nicht nur einmalig beabsichtigt ist, einer hinreichend konkreten und klaren Satzungsregelung. [25] [26]

Man spricht in diesem Zusammenhang von sogenannten Öffnungsklauseln, wonach die Gesellschafterversammlung alljährlich über eine von der gesetzlichen oder satzungsmäßigen Regelung abweichende Gewinnverteilung beschließt. Ein solcher

---

[22] Die Differenzierung ist u.a. zu Fragen von Beschluss- und Entscheidungszuständigkeiten sowie steuerrechtlichen Folgen von Relevanz.
[23] Erhart/Riedel, BB 2008, S. 2266, 2267
[24] Der Geschäftsanteil ist der Anteil eines Gesellschafters am Gesellschaftsvermögen. Er ist vom Kapitalanteil zu unterscheiden und wird durch einen bestimmten Bruchteil ausgedrückt. Siehe hierzu Creifelds, Rechtswörterbuch, 20. Auflage, 2011, S. 504 f.
[25] Auf Vereinbarungen der Gesellschafter auf ausschließlich schuldrechtlicher Basis, wie beispielsweise einem Poolvertrag, sollte in diesem Zusammenhang verzichtet werden. Siehe hierzu Erhart/Riedel, BB 2008, S. 2266, 2268
[26] Ernsthaler/Füller/Schmidt, GmbHG, § 29, Rd. 27

6

Beschluss bedarf allerdings wiederrum der Zustimmung aller durch die abweichende Gewinnverteilung benachteiligten Gesellschafter.[27]

Selbst der vollständige Ausschluss einzelner Gesellschafter von deren Gewinnbezugsrechten stellt also keinen Verstoß gegen den Gleichbehandlungsgrundsatz dar, da die ursprüngliche Satzung von allen Gesellschaftern im Einvernehmen getragen wurde. Insbesondere liegt keine Sittenwidrigkeit im Sinne des § 138 BGB vor, da die Gesellschafter auch andersartige positive Beteiligungsinteressen haben können.[28] Bei hierzu erfolgender nachträglicher Satzungsänderung ist im Hinblick auf § 53 III GmbHG, also die Geltung des Gleichbehandlungsgrundsatzes, die Zustimmung aller gegenüber bisher geltenden Regelungen zurückgesetzter Gesellschafter notwendig.[29] [30]

c. Aktiengesellschaft

Bei der AG erfolgt die Gewinnverteilung auf Grundlage des Gewinnverwendungsbeschlusses der Hauptversammlung, nach § 60 AktG. Im Regelfall steht den Aktionären dabei nach § 60 I AktG ein Gewinnanspruch in Höhe ihrer quotalen Beteiligung am Grundkapital zu.[31]

Die Besonderheit bei dieser Rechtsnorm liegt in der Tatsache, dass § 60 III das aus § 23 V abgeleitete Prinzip der Satzungstreue durchbricht, indem ermöglicht wird einen anderen Verteilungsschlüssel, im Rahmen einer Satzungsautonomie, vorzusehen. Dieser muss dann allerdings in der Satzung ausdrücklich enthalten sein. Bloße Öffnungsklauseln, wie beispielsweise bei einer GmbH, genügen hierfür nach herrschender Meinung, bezüglich den Anforderungen zu hinreichend klaren Satzungsregelungen ebenso nicht, wie erst zukünftig zu treffende Willens-entscheidungen der Aktionäre.

Starre Regelungen die dauerhaft eine disquotale Gewinnverteilung[32] vorgeben sind dahingegen unproblematisch und demzufolge vorzuziehen.[33] [34]

---

[27] Blumers/Beinert/Witt, DStR 2002, S. 565, 567
[28] Vgl. societas leonina.
[29] Baumbach/Hueck, GmbHG, § 29, Rd. 52 ff.
[30] Raiser/Veil, Recht der Kapitalgesellschaften, § 36, Rd. 32.
[31] Maßgeblich ist der Nennwert der Aktie oder die gehaltene Aktienzahl bei nennwertlosen Stückaktien.
[32] Mögliche disquotale Gewinnverteilungsregelungen unabhängig von der Gesellschaftsform wären: Stundung, Verzicht, Vorzugsanteile sowie Tracking Stocks. Siehe hierzu Erhart/Riedel, BB 2008, S. 2266, 2270 f.
[33] Hüffer, AktG, § 60, Rd. 6.

Der Satzung steht hierdurch ein weiter Spielraum für abweichende Regelungen zu. Insbesondere besteht keine Begrenzung auf Sonderfälle wie etwa Vorzugsaktien.[35]

Vorgenannte Ausführungen finden über § 278 III auch auf die Kommanditgesellschaft auf Aktien (KGaA) Anwendung.

II. Stimmrechte

1. Personengesellschaften

a. Generelles

Die Umsetzung des Stimmrechts der einzelnen Gesellschafter, als eines der wichtigsten Gesellschafterechte erfolgt nach den Vorschriften aus § 119 HGB und § 709 BGB und ist im Recht der Personengesellschaften, von wenigen Ausnahmen bei sogenannten Publikumsgesellschaften[36] abgesehen, übereinstimmend. Hiernach bedarf es grundsätzlich zur Beschlussfassung bzw. internen Willensbildung, der Zustimmung aller Gesellschafter (Einstimmigkeitsgrundsatz).[37] Im Hinblick auf unternehmerische Entscheidungsfreiheit und Flexibilität besteht jedoch ein hoher Bedarf für vom Gesetz abweichende Regelungen.[38]

Die Vorschriften zu den Stimmrechten der Gesellschafter sind grundsätzlich dispositiv.[39] Daher können anderslautende Vereinbarungen im Gesellschaftsvertrag getroffen werden.

Die hierbei zu beachtenden Ausnahmetatbestände bzw. Einschränkungen werden im Folgenden dargestellt.[40]

b. Ausnahmetatbestände

i). Zunächst ergibt sich eine Einschränkung des gesellschaftsvertraglichen Regelungsspielraumes hinsichtlich Verstößen gegen die guten Sitten (§ 138 BGB).

---

[34] Erhart/Riedel, BB 2008, S. 2266, 2269.
[35] Spindler/Stilz, Aktiengesetz,§ 60, Rd. 26
[36] Unter einer Publikumsgesellschaft versteht man eine Gesellschaft welche aus steuerlichen Gründen in der Rechtsform einer Personengesellschaft existiert und die zum Zweck der Kapitalsammlung dem Beitritt einer Vielzahl von Gesellschaftern offen steht. Siehe hierzu Palandt, BGB,§ 705, Rd. 47
[37] Giedinghagen, DStR, 2007, S. 1965, 1965.
[38] Baumbach/Hopt, HGB, § 119, Rd. 34
[39] BGHZ 20, 363 – 371
[40] Baumbach/Hopt, HGB, § 119, Rd. 5

Ein solcher Verstoß kann gegeben sein, insoweit beispielsweise im Gesellschafts-vertrag zunächst eine Mehrheitsbeschlussfassung (nach §§ 119 II HGB, 709 II BGB) zu einzelnen Beschlussgegenständen vorgesehen wird, hierbei jedoch durch erhöhtes Stimmgewicht einzelner Gesellschafter eine Abhängigkeit anderer Gesellschafter herbeigeführt wird.[41]

ii). Relevant ist in diesem Zusammenhang zudem das Abspaltungsverbot, welches sich aus § 717 S. 1 BGB herleitet und über § 105 III HGB auch auf OHG und KG (iVm § 161 II HGB) Anwendung findet. Hiermit verbindet sich das Verbot die mitgliedschaftlichen Teilhaberrechte, organisationsrechtlicher Art (anders nach § 717 S.2 BGB für Ansprüche aus der Geschäftsführung), vom Stammrecht der Mitgliedschaft abzuspalten. Die Mitgliedschaftsrechte werden als nicht trennbar bzw. übertragbar angesehen (höchstpersönliches Recht). In Ermangelung ihrer Sonder-rechtsfähigkeit, ist eine isolierte Verfügung über sie nicht möglich.

Nicht vom Abspaltungsverbot erfasst wird die unterschiedliche Ausgestaltung der Rechte im Gesellschaftsvertrag, im Sinne einer grundsätzliche Differenzierung der Ausgestaltung der einzelnen Gesellschaftsanteile sowie die Aufteilung des Stimmrechts zwischen zwei oder mehr an einem Gesellschaftsanteil beteiligten, insoweit die Mitgesellschafter zustimmen.[42] [43]

iii). Der Meinungsstand zur Frage eines vollkommenen Stimmrechtsausschlusses, bzw. einer Stimmrechtsverteilung die einem solchen nahe kommt, ist strittig. Nicht abschließend geklärt ist hierbei die Frage inwieweit neben den gesetzlich geregelten Fällen des Stimmrechtsausschlusses[44], ein solcher durch gesellschaftsvertragliche Abreden zulässig ist.[45]

Teilweise wird die Auffassung vertreten, dass ein Stimmrechtsausschluss bei unbeschränkt haftenden Gesellschaftern unzulässig sei (vgl: Wiedemann, Gesellschaftsrecht, Bd. 1, Rd. 369). Dahingegen wird in der Rechtsprechung sowie weit überwiegend in der Literatur ein Stimmrechtsausschluss nicht für generell unzulässig gehalten.[46]

---

[41] Schulz/Brunner/Werz, Special zu BB 2005, Heft 32, S.2, 4
[42] Schmidt, Gesellschaftsrecht, § 19 III, S. 560
[43] Palandt, BGB, § 717, Rd. 1 ff.
[44] Beispielsweise aus §§ 712 BGB, 117 HGB
[45] Schulz/Brunner/Werz, Special zu BB 2005, Heft 32, S.2, 4
[46] Röhricht/Graf von Westphalen, HGB, § 119, Rd. 31

Ausgenommen werden hierbei nur solche Beschlussgegenstände, die den Kernbereich der Gesellschafterrechte betreffen, also insoweit diejenigen Rechte, in welche nur mit Zustimmung der betroffenen Eingegriffen werden darf. Hauptanwendungsfall solcher Beschlussgegenstände sind Struktur und Zweckändernde Beschlüsse, sogenannte Grundlagengeschäfte, welche die individuelle und vermögensmäßige Position der Gesellschafter tangieren.[47]

2. Kapitalgesellschaften

a. Gesellschaft mit beschränkter Haftung

Das Stimmrecht, also das Recht durch Stimmabgabe in der Gesellschafterversammlung an Gesellschaftsbeschlüssen mitzuwirken, ergibt sich im GmbH Recht aus § 47 GmbHG. Die gesetzliche Stimmkraft der einzelnen Gesellschafter bemisst sich dabei nach deren Kapitalanteilen. Nach § 47 II GmbHG wird jedem Gesellschafter eine Stimme je 50€ Gesellschaftsanteil gewährt.

Wie bereits im Vorfeld erwähnt, sind die GmbH Gesellschafter in der Ausgestaltung der Mitgliedschaftsrechte weitestgehend frei, insoweit nicht zwingende gesetzliche Regelungen, wie beispielsweise Stammkapitalaufbringung und erhaltung, dem entgegenstehen. Eine disquotale Rechtegestaltung ist daher in der Satzung regelmäßig möglich.[48] [49]

Nicht unumstritten ist dahingegen die Frage ob ein vollständiger Stimmrechtsausschluss für einzelne Gesellschafter (Geschäftsanteile) möglich ist. Die herrschende Meinung in der Literatur folgert aus einem Urteil des Bundesgerichtshofes[50] die generelle Zulässigkeit eines Stimmrechtsausschlusses, da zudem die stimmrechtslosen Gesellschafter im Hinblick auf die Erbringung zusätzlicher Leistungen ausreichend durch das in § 53 III GmbHG normierte Zustimmungserfordernis geschützt werden.[51]

---

[47] Giedinghagen, DStR, 2007, S. 1965, 1966
[48] Schulz/Brunner/Werz, Special zu BB 2005, Heft 32, S.2, 5
[49] Unproblematisch denkbar sind Stimmrechtsverteilung nach Köpfen, Schaffung von Höchststimmrechten (Stimmkraftmaximum) sowie Mehrstimmrechte für einzelne Gesellschaftsanteile (Nachträgliche Einführung bedarf im Hinblick auf einen Verstoß gegen den Gleichbehandlungsgrundsatz nach § 53 III GmbHG der Zustimmung aller Benachteiligten).
[50] BGHZ 14, 264 - 274
[51] Schulz/Brunner/Werz, Special zu BB 2005, Heft 32, S.2, 5

Auch im Hinblick auf eine gegebenenfalls sittenwidrige Vertragsgestaltung, entsprechend § 138 BGB, sind die Satzungsregelungen einer GmbH zu überprüfen. Zwar bedarf es im Gegensatz zu § 140 I AktG bei der Entziehung weiterer Mitgliedschaftsrechte keiner Gleichstellung der Gesellschafter (Es kann also kumulativ zur Schaffung stimmrechtsloser Gesellschaftsanteile auch ein Verzicht auf weitere Rechte erfolgen), jedoch darf ein Gesellschafter hierdurch nicht sämtlicher Rechte beraubt werden. In der Literatur wird dabei ein gleichzeitiger Verzicht von Stimmrechten sowie Gewinnbezugsrechten teilweise unterschiedlich bewertet. [52] [53]

b. Aktiengesellschaft

Wie bereits zuvor dargestellt ist die Rechtslage zwischen einer GmbH auf der einen Seite und einer AG auf der anderen Seite unterschiedlich und im Hinblick auf disquotale Rechteausgestaltung bei der AG zudem komplexer. Grundsätzlich normiert § 12 AktG das Stimmrecht der Aktionäre, auf der Hauptversammlung, als Mitglieder der Aktiengesellschaft. Nach § 12 I AktG gewährt jede Aktie eine Stimme (Kapitalprinzip). Daraus lässt sich ableiten, dass es grundsätzlich keine Aktie ohne Stimmrecht, aber auch kein Stimmrecht ohne Aktie[54] gibt, sowie gleiches Stimmrecht pro Aktie.[55]

Weiterhin besteht im Aktienrecht ein ausdrückliches Verbot von Mehrstimmrechten, welches durch das KonTraG[56] in § 12 II verankert wurde. Demnach sind also Satzungsregelungen unzulässig, welche dem Inhaber einer Aktie mehr Stimmrechte gewähren, als ihm entsprechend der Beteiligungsquote bezogen auf das Grundkapital zustehen. Man spricht in diesem Kontext auch vom Grundsatz „eine Aktie – eine Stimme", was auch als proportionales Stimmgewicht bezeichnet wird.[57]

Dennoch bestehen auch im Aktienrecht die Möglichkeit zu disquotalen Regelungen, wobei von einer unterproportionalen Ausgestaltung des Stimmrechts die Rede sein muss, da die Stimmkraft regelmäßig nur abgesenkt wird. Solche Ausnahmefälle, vom Gesetz abweichender Satzungsregelungen, sind im Aktiengesetz abschließend geregelt.

---

[52] Tillmann/Schiffers/Wärholz, GmbH in Gesellschafts- und Steuerrecht, Teil II, Rd. 327 ff
[53] Baumbach/Hueck, GmbHG, § 47, Rd. 70
[54] Manifestation des Abspaltungsverbotes aus § 717 S. 1 BGB
[55] Hüffer, AktG, § 12, Rd. 1
[56] Gesetz zur Kontrolle und Transparenz im Unternehmensbereich, vom 01.05.1998
[57] Schulz/Brunner/Werz, Special zu BB 2005, Heft 32, S.2, 4

i). Zum einen besteht die Möglichkeit in der Satzung Höchststimmrechte, als Ausübungsbeschränkung nach § 134 I 2 AktG, für nicht-börsennotierte[58] Gesellschaften, festzuschreiben. Diese sind allerdings rechtspolitisch seit jeher umstritten und erreichen dabei bisweilen grenzüberschreitende Dimensionen.[59]

Hierdurch wird das Stimmrecht von Aktionären die eine größere Anzahl von Aktien besitzen und damit über eine entsprechende Anzahl von Stimmrechten verfügen auf einen Höchstbetrag des stimmberechtigten Kapitals, von oftmals 5% oder 10% des Grundkapitals) beschränkt. Dieses muss in der Satzung verankert sein, kann jedoch auch durch nachträgliche Satzungsänderung erfolgen, da in § 134 I 2 AktG keine Einschränkung zu erkennen ist und die darin liegende spezielle Regelung einen Rückgriff auf allgemeine Grundsätze ausschließt.[60]

ii). Desweiteren sieht das Gesetz die Möglichkeit der Ausgabe von stimmrechtslosen Vorzugsaktien (Legaldefiniert in § 139 I AktG) nach § 12 I 2. Hs AktG vor.

Hierbei handelt es sich um Aktien mit Vorzugsrechten, entsprechend einer Priorität der Vorzugsaktionäre gegenüber den Stammaktionären, in Bezug auf die Verteilung des Bilanzgewinns[61] unter Ausschluss des Stimmrechts. Die Vorzugsgestaltung bei der Verteilung des Bilanzgewinns ist hierbei Zulässigkeitsvoraussetzung zum Stimmrechtsausschluss. Auch die Einführung von Vorzugsaktien bedarf der Satzungs-änderung.[62]

Die Rechtstellung der Vorzugsaktionäre richtet sich nach § 140 I AktG. Hiernach gewähren Vorzugsaktien ohne Stimmrecht die jedem Aktionär zustehenden Rechte mit Ausnahme des Stimmrechts. Sinn und Zweck ist also die Schaffung stimmrechtsloser Aktien, zwecks disquotaler Ausgestaltung der Gesellschafterrechte, unter Beibehaltung der übrigen Rechtstellung.

---

[58] Dies sind nach § 3 II AktG Gesellschaften, deren Aktien nicht im regulierten Markt (Der regulierte Markt erfüllt die Voraussetzungen eines organisierten Makrtes im Sinne des § 2 V WpHG) gehandelt werden. Handel im Freiverkehr (vgl. § 48 BörsG) begründet keine Börsennotierung im Sinne der Legaldefinition. Hierzu notwendig wäre eine Zulassung der Aktien auf einem Markt der von staatlich anerkannten Stellen geregelt und überwacht wird. In der Praxis haben ca. 85% der Aktiengesellschaften keine Börsenzulassung. Siehe hierzu: Raiser/Veil, Recht der Kapitalgesellschaften, § 12, Rd. 8.
[59] Vgl. hierzu auch die Problematik um die Sperrminorität (Höchststimmrecht von 20%) im sog. Volkswagen-Gesetz. (EuGH Urteil vom 23.10.2007, Rs. C-112/05)
[60] Hüffer, AktG, § 134, Rd. 6f.
[61] Der Bilanzgewinn ergibt sich durch Weiterrechnung des Jahresüberschusses gemäß § 158 I AktG. Vgl. hierzu: Hüffer, AktG, § 58, Rd. 3
[62] Hüffer, AktG, § 139, Rd. 4 ff.

Dem „Weniger" bezüglich der Verwaltungsrechte, gegenüber den Stammaktien, folgt also ein „Mehr" an Vermögensrechten.[63]

III. Weitere Rechte

Eine disquotale Gestaltung anderer Gesellschafterrechte erscheint bisweilen als grundsätzlich schwierig, da deren Gewichtung beispielsweise nicht differenziert werden kann, (beispielswiese Klagerecht oder Informationsrecht, also Auskunft –und Einsichtsrechte), oder diese, wie im Fall von unverzichtbaren Rechten nicht durch vertragliche Abreden ausgeschlossen oder reduziert werden können.[64]

Gegenstand disquotaler Gesellschafterrechte sind daher regelmäßig die oben beschriebenen Rechte, was sich auch im Hinblick auf die Motivationsgründe und Einsatzfelder solcher Regelungen ergibt.

E. Schlusswort

Wie die Arbeit zeigt, gibt es im Bereich der Gesellschafterrechte bzw. disquotaler Gesellschafterrechte einen weiten Spielraum für Dispositionsmöglichkeiten.

Die gesetzlichen Regelungen können von den Gesellschaftern weitestgehend abgeändert werden, was in der Praxis der Vertragsgestaltung durchaus großen Stellenwert einnimmt. Die Gründe hierfür sind vielseitig und reichen von Nachfolgeplanungen in Familienvermögensgesellschaften bis hin zur Stimmrechtsgewichtung zugunsten von unternehmerischer Handlungsfreiheit.

Bezüglich des zivilrechtlichen Hintergrundes sind bei den Personengesellschaften und der GmbH nur wenige rechtliche Grundsätze und Schutzvorschriften zu beachten. Die Aktiengesellschaft hingegen ist durch diverse zwingende Vorschriften weniger frei in der Gestaltung disquotaler Rechte.

Von erhöhter Relevanz ist die Thematik um disquotale Rechte allerdings auch vor dem steuerrechtlichen Hintergrund. Die Frage der Zulässigkeit disquotaler Rechte

---

[63] Spindler/Stilz,§ 140, Rd. 3, 12
[64] Staub, HGB, § 119, Rd. 66

aus steuerrechtlicher Sicht, ist oftmals anders zu beurteilen als bei der rein zivilrechtlichen (gesellschaftsrechtlichen) Beurteilung. Zudem wurde das Thema durch das Unternehmenssteuerreformgesetz (2008) sowie das Urteil des Bundesfinanzhofs vom 28.06.2006 (zum sogenannten Rücklagenmanagement) erneut belebt und bietet auch zukünftig Potential für interessante Entwicklungen.

Abkürzungsverzeichnis

GdbR	Gesellschaft des bürgerlichen Rechts
OHG	Offene Handelsgesellschaft
KG	Kommanditgesellschaft
AG	Aktiengesellschaft
GmbH	Gesellschaft mit beschränkter Haftung
KGaA	Kommanditgesellschaft auf Aktien
BGB	Bürgerliches Gesetzbuch
HGB	Handelsgesetzbuch
GmbHG	Gesetz betreffend die Gesellschaften mit beschränkter Haftung
AktG	Aktiengesetz
Vgl	Vergleiche
BB	Betriebsberater
u.a.	unter anderem
DStR	Deutsches Steuerrecht
BGHZ	Entscheidungen des Bundesgerichtshofs in Zivilsachen
WpHG	Wertpapierhandelsgesetz
BörsG	Börsengesetz
EuGH	Europäischer Gerichtshof

Literaturverzeichnis

Creifelds, Carl

Rechtswörterbuch, 20. Auflage, 2011

Gummert, Hans/ Weipert, Lutz

Münchener Handbuch des Gesellschaftsrechts, Band 1, 3. Auflage, 2009

Raiser, Thomas / Veil, Rüdiger

Recht der Kapitalgesellschaften, 5. Auflage, 2010

Schmidt, Karsten

Gesellschaftsrecht, 4. Auflage, 2002

Tillmann, Bert / Schiffers, Joachim / Wärholz, Eckhard

GmbH im Gesellschafts- und Steuerrecht, 5. Auflage, 2009

Wiedemann, Herbert

Gesellschaftsrecht, Band 1, Grundlagen, 1980

Baumbach, Adolf / Hopt, Klaus

Handelsgesetzbuch, Kommentar, 33. Auflage, 2008

Baumbach, Adolf / Hueck, Alfred

Gesetz betreffend die Gesellschaften mit beschränkter Haftung, Kommentar, 19. Auflage, 2010

Ernsthaler, Jürgen / Füller, Jens Thomas / Schmidt, Burkhard

Gesetz betreffend die Gesellschaften mit beschränkter Haftung, Kommentar, 2. Auflage, 2009

Hommelhoff, Peter / Lutter, Marcus

Gesetz betreffend die Gesellschaften mit beschränkter Haftung, Kommentar, 16. Auflage, 2004

Hüffer, Uwe

Aktiengesetz, Kommentar, 9. Auflage, 2010

Rebmann, Kurt / Säcker, Franz Jürgen / Rixecker, Roland

Bürgerliches Gesetzbuch, Großkommentar, Band 5 (§§ 705-853), 5. Auflage, 2009

Palandt, Otto

Bürgerliches Gesetzbuch, Kommentar, 70. Auflage, 2011

Röhricht, Volker / Graf von Westphalen, Friedrich

Handelsgesetzbuch, Kommentar, 3. Auflage, 2008

Staub, Hermann

Handelsgesetzbuch, Großkommentar, 3. Band, 5. Auflage, 2009

Spindler, Gerald / Stilz Eberhard

Aktiengesetz, Kommentar, Band 1, 2. Auflage, 2010

Blumers, Wolfgang / Beinert, Stefanie / Witt, Sven-Christian

Individuell gesteuerter Gewinnfluss zur Gesellschafterebene bei Kapitalgesellschaften (Teil I), DStR 2002, S. 565 ff.

Erhart, Gabriele / Riedel, Hannspeter

Disquotale Gewinnausschüttungen bei Kapitalgesellschaften – gesellschafts- und steuerrechtliche Gestaltungsmöglichkeiten, BB 2008, S. 2266 ff.

Giedinghagen, Jan / Fahl, Holger

Alles (noch) bestimmt genug, DStR 2007, 1965 ff.

Schulz, Peter / Brunner, Michael / Werz, Ralf Stefan

Die disproportonale Gewinn- und Stimmrechtsverteilung, ein Instrument für die Nachfolgeplanung, Special zu BB 2005, Heft 32, S. 2ff